어머니의 기도

Mother's Prayer

어머니의 기도

Mother's Prayer

저자 윤미라

국민북스

●

　두 딸(홍연, 혜연)을 위해 매일 말씀묵상 중에 하나
님께서 주시는 기도를 시작한 지 3년이 되어갑니다. 매
일 아침, 두 딸에게 보내는 '말씀 기도'를 저 혼자만 누
리는 것이 아까운 마음이 들어 저의 자매들과 친구들
그리고 주위의 지인들에게 보내기 시작했습니다.

　그 기도문을 받은 지인들이 저와 같은 심정으로 또
다른 엄마들에게 카톡 메시지를 통해 전달하게 되었습
니다. 간단하지만 생명의 말씀이 들어 있는 기도문으
로 자녀를 축복하며 은혜를 받았다는 사람들이 늘어났
습니다. 그러면서 여러 분들이 말씀 기도가 책으로 나
오면 좋겠다는 이야기를 해 주셨습니다.

　그러다 가까운 지인을 통해 국민북스를 알게 되었
고 기도문을 『어머니의 기도』라는 책으로 출간하기까
지 이르렀습니다. 새삼 모든 것이 하나님의 섭리요, 은
혜임을 깨닫습니다.

현재 자녀를 위한 기도문이 많이 나와 있지만 말씀으로 자녀에게 '기도의 옷'을 입히며 받은 은혜가 너무나 컸기에 "기도를 통해 네 자녀 뿐 아니라 이 땅의 자녀들을 살리고 세우라"는 주님의 명령에 순종해 부족하지만 용기를 내었습니다.

저는 신학을 공부하고 결혼을 해서 두 자녀의 엄마가 되었습니다. 두 자녀를 양육하며 나라와 민족, 오대양 육대주를 가슴에 품으며 기도했습니다. 특별히 우리 자녀들이 하나님의 기쁘신 뜻을 이뤄가는 복된 자녀가 되는 것을 꿈꾸며 기도했습니다.

두 딸들을 기독교 정신을 지닌 대안학교에 보내며 학교 홈페이지의 '기도 달력'에 기도문을 쓰는 일을 오랫동안 담당했습니다. 그러다 '한국 기도하는 엄마들'(MIP)의 말씀기도를 시작하게 되었습니다. 그것이 제게 자양분이 되어 매일 말씀을 묵상하며 주신 감동을 따라 자녀를 위한 기도를 드렸습니다. 제 자녀를 위한 기도에만 머무르지 않고 이 땅의 자녀를 위해 매일 카톡으로 보냈던 기도문이 쌓여 한 권의 책으로 나오게 된 것이 감개무량하면서도 부끄럽고 두려운 마음이 드는 것이 사실입니다.

그러나 이 또한 주님이 하셨음을 믿기에 감사함으

로 받고 취하며 주님께 영광을 올립니다. 순수한 마음으로 제 자녀를 위해 시작한 기도가 이제 저희 가정의 울타리를 넘어 이렇게 책으로 나오게 되는 모든 과정에서 주님이 함께 해 주셨음을 고백합니다.

『어머니의 기도』를 접하는 이 땅의 크리스천 엄마들이 '말씀으로 기도하는 법'을 제대로 알아가며 그 능력을 경험하기를 간절히 바랍니다. 지금, 우리 자녀의 모습은 연약하고 부족하게 보일지라도 하나님의 약속의 말씀을 힘입어 기도하면 하나님은 반드시 엄마들의 기도를 들으시고 우리 자녀들을 마지막 때에 귀히 쓰임 받는 일꾼으로 세워주실 것을 믿습니다. 이 책과 함께 기도하면서 기도에 응답하는 선하신 하나님을 경험하기를 기도합니다.

이『어머니의 기도』와 함께 기도하는 이 땅의 모든 엄마들마다, 자녀들마다, 가정마다 살아나는 생명의 역사가 일어나길 간절히 바랍니다. 이 책이 불신의 시대에 사람들에게 믿음을 전해 주고 생명을 살리는 도구와 통로가 되기를 기도합니다.

2019년 늦가을

윤 미 라

추천사

성도의 기도처럼 소중한 것은 없습니다. 성경을 보면 하나님께서 기도를 금향로에 받으신다고 했습니다.(계 8:5) 성도의 기도는 하나님 앞에서 금쪽과도 같다는 것입니다. 그러므로 주님과 동행하는 사람들에게 기도는 부담이 아니라 기대와 기쁨입니다.

기도 자체가 이렇게 소중하지만 자녀를 위한 기도만큼 중요한 것도 없을 것입니다. 우리의 소중한 자녀들의 운명은 좋은 환경이나 교육만으로 결정되는 것이 아닙니다. 반드시 기도가 뒷받침되어야 합니다. 어머니들이 자녀를 위해 간절히 기도할 때, 자녀들이 주님 안에서 범사에 잘되는 역사가 일어날 것입니다.

이 책『어머니의 기도』의 저자인 윤미라 권사님은 기도로 자녀를 양육해온 기도하는 어머니입니다. 매일 두 자녀를 위한 기도를 드리며 수년 동안 그 기도문을 주위 믿음의 사람들과 나눠왔습니다. 많은 어머니들이 윤 권사님과 함께 자녀를 위한 기도 운동에 동참했습니다. 이번에 기도문을 묶어 책을 출간했습니다.

이 책을 통해 이 땅에 어머니들의 기도 운동이 더욱 확산되기를 소망하며 기쁘게 추천합니다.

유기성 목사(선한목자교회)

목차

책의 사용방법

- 매일 말씀과 기도문을 읽고 오른편 빈 공간에 글을 쓰며 기도한다.
- 기도문의 '주의 자녀' 대신 자녀 이름을 넣어 글을 쓰며 기도한다.
- SNS를 통해 자녀 이름이 들어간 기도문을 각 자녀들에게 전한다.
- 자녀들이 어머니가 보내준 자기 이름이 들어간 기도문으로 기도한다.

ex)

Day 28. 세상을 이기는 자녀 되게 하소서

무릇 하나님께로부터 난 자마다 세상을 이기느니라 세상을 이기는 승리는 이것
이니 우리의 믿음이니라 요한일서 5:4

서준

주의 자녀가
하나님께로부터 난 자요,
하나님의 자녀된 자로
세상을 두려워하지 않고 당당히 맞서서
세상을 이기는 믿음의 자녀 되게 하소서.

서준

무엇보다도 주의 자녀로 하여금
오직 믿음으로만 세상을 이기는 능력이
생긴다는 사실을 알게 하셔서
그 믿음으로 승리하게 하소서.

아멘.

하나님을 찾게 하소서

너희는 여호와를 만날 만한 때에 찾으라
가까이 계실 때에 그를 부르라
이사야 55:6

주의 자녀가 하나님을 떠나 배회하거나
하나님이 없는 것 같이 방황하지 않고
하나님을 만날 수 있을 때에 찾게 하소서.

힘들고 어려울 때, 낙심되어 좌절될 때
절망이 몰려 올 때, 소망이 없어 포기하고 싶을 때
하나님을 기억하고 하나님 아버지를 부르게 하소서.

주의 자녀가
하나님을 찾고 부를 때에
살아계신 하나님께서 그를 만나 주시고
그 영혼이 회복되게 하소서.

아멘.

Day

02

주 안에서 기뻐하게 하소서

주 안에서 항상 기뻐하라 내가 다시 말하노니 기뻐하라
너희 관용을 모든 사람에게 알게 하라 주께서 가까우시니라
빌립보서 4:4~5

주의 자녀가 한 주간 동안
마음의 부담과 얽매인 것을 내려놓고
주 안에서 기뻐하게 하소서.

주의 자녀의 심령이 항상 기뻐함으로
다른 사람에 대하여 너그러우며
이해와 배려하는 마음을 갖게 하소서.

주의 자녀가
관용을 베풀 줄 아는 넉넉한 마음으로
한 주간을 살아가게 하소서.

아멘.

부모에게 순종하게 하소서

자녀들아 모든 일에 부모에게 순종하라
이는 주 안에서 기쁘게 하는 것이니라
골로새서 3:20

주의 자녀가
부모의 뜻과 말에 기꺼이 순종하는
자녀가 되게 하소서.

주의 자녀가
자신의 생각이 옳다고 여겨질 지라도
그 생각을 내려놓고
부모의 뜻에 귀 기울이는 자녀가 되게 하소서.

주의 자녀가
부모의 뜻에 순종하는 것이
하나님을 또한 기쁘시게 하는 것임을 깨달아
하나님과 부모의 기쁨이 되는 자녀 되게 하소서.

아멘.

주께 피할 때에 저들을 건져 주소서

✦✦✦✦✦✦✦

여호와여 내가 주께 피하오니 나를 영원히 부끄럽게
하지 마시고 주의 공의로 나를 건지소서 내게 귀를 기울여
속히 건지시고 내게 견고한 바위와 구원하는 산성이 되소서
시편 31:1~2

주의 자녀가 부끄러움을 당할 상황이 올 때마다
주께 피하게 하시고 주님이 저들을 건져 주소서.

하나님의 공의로움이 주의 자녀에게 방패가 되어
저들 마음 깊은 곳에 있는 수치심이 물러나고
부끄러움이 자리 잡지 않게 하옵소서.

그리하여 저들에게
여호와 하나님만이
견고한 바위시요
구원의 산성이심을
깊이 경험하게 하소서.

아멘.

긍휼과 사랑의 마음을 주소서

가난한 자를 조롱하는 자는 그를 지으신 주를 멸시하는 자요
사람의 재앙을 기뻐하는 자는 형벌을 면하지 못할 자니라
잠 17:5

주의 자녀가
주위에 있는 연약하고 주린 자들을
조롱하거나 멸시하지 않도록
긍휼과 사랑의 마음을 주소서.

주의 자녀가
다른 사람들이 겪는 고통과 고난을
외면하거나 지켜만 보지 않게 하소서.

하나님 아버지의 사랑과 긍휼의 마음을 품고
그리스도의 사랑을 전하는 믿음의 자녀가 되어
심판의 때에 형벌의 자리에 서지 않게 하소서.

아멘.

허물을 덮어주는 자가 되게 하소서

허물을 덮어 주는 자는 사랑을 구하는 자요
그것을 거듭 말하는 자는 친한 벗을 이간하는 자니라
잠 17:9

주의 자녀가
타인의 연약함이나 허물을 보더라도
그것을 드러내거나 지적하거나 비난하지 않고
오히려 그 허물을 덮어주는 자가 되게 하소서.

주의 자녀가
말로써 사람들의 사이를 갈라놓지 않게 하시고
언제나 사랑의 언어와
타인에 대한 배려와
겸손한 마음을 갖게 하소서.

그리하여
언제 어디서나 어떤 사람과도
화평하며 친절하며 온유한 자녀가 되게 하소서.

아멘.

주의 불꽃같은 눈동자로 지켜 주소서

내가 너와 함께 있어 네가 어디로 가든지 너를 지키며
너를 이끌어 이 땅으로 돌아오게 할지라 내가 네게 허락한 것을
다 이루기까지 너를 떠나지 아니하리라 하신지라
창세기 28:15

주의 자녀가
어디로 가든지 주께서 함께 하사
주의 불꽃같은 눈동자로 그들을 지켜 주소서.

주의 자녀가
믿음의 길을 벗어나 방황할지라도
그들을 이끌어 주사 다시 돌아오게 하소서.

주의 자녀가
하나님의 축복의 통로가 되게 해 주시고
하나님이 그들을 통해 이루시고자 하는 일들이
온전히 이뤄지도록 그들과
동행하시고 떠나지 마소서.

아멘.

삶이 풍성하게 열매를 맺게 하소서

하나님은 헤아릴 수 없이 큰일을 행하시며
기이한 일을 셀 수 없이 행하시나니
비를 땅에 내리시고 물을 밭에 보내시며
욥기 5:9~10

주의 자녀가 하나님이 헤아릴 수 없이
큰일을 행하시며 기이한 일을 셀 수 없이
행하시는 주님이심을 알게 하소서.
하나님께서 저들의 삶 가운데
큰일과 기이한 일들을 행하여 주소서.

때를 따라 비를 땅에 내리시고
물을 밭에 보내시어 땅과 밭이 열매 맺게 하시는
우리 하나님께서
주의 자녀의 삶에도 단비를 내리시어
그 삶이 풍성하게 열매를 맺게 하소서.

아멘.

주께서 친히 도우시고 품어 주소서

오직 주께서 나를 모태에서 나오게 하시고
내 어머니의 젖을 먹을 때에 의지하게 하셨나이다.
내가 날 때부터 주께 맡긴 바 되었고 모태에서 나올 때부터
주는 나의 하나님이 되셨나이다. 나를 멀리 하지 마옵소서
환난이 가까우나 도울 자 없나이다
시편 22:9~11

오직 주께서 주의 자녀를
일찍이 저의 태를 통해 나오게 하시고
부모의 신앙을 따라 하나님을 알게 하시고
의지하게 하신 것에 감사를 드립니다.

주의 자녀는 주께 맡긴바 된 당신의 자녀들이오며
태어날 때부터 하나님이 그들의 하나님이 되셨습니다.
주의 자녀가 하나님을 찾고 의뢰할 때
결코 멀리하지 마시고 환난이 가까이 올 때에
주께서 친히 도우시고 품어 주소서.

아멘.

주의 날개 아래에 피하게 하소서

❧❧❧

그가 너를 그의 깃으로 덮으시리니 네가 그의 날개 아래에
피하리로다 그의 진실함은 방패와 손 방패가 되시나니
시편 91:4

하나님께서 주의 자녀를
주의 깃으로 덮어주셔서
무엇을 하든 어디에 있든 보호하시고
그 어떤 곳보다 가장 안전한
주의 날개 아래에 피하게 하소서

주의 자녀가
여호와의 진실함을 본받아
진실한 삶을 살아갈 때에
하나님이 그들의 방패가 되심을
날마다 경험하게 하시고
그 하나님을 증거하는
자녀가 되게 하소서.

아멘.

작은 미혹에도 요동치 않게 하소서

자녀들아 아무도 너희를 미혹하지 못하게 하라
의를 행하는 자는 그의 의로우심과 같이 의롭고
요한일서 3:7

마지막 때를 살아가는
주의 자녀가
항상 예수님과 동행하여
작은 미혹에도 요동치 않게 하소서.

세상의 헛된 풍조와 속임에 넘어가
한순간에 무너지지 않도록
생각과 마음을 지키는 주의 자녀 되게 하소서

주님의 의로우심을 따라
의롭게 행하며 바르게 주님과 동행하는
주의 자녀가 되게 하소서.

아멘.

죄의 유혹을 당당하게 이기게 하소서

❖·⋯·❀·⋯·❖

죄를 짓는 자는 마귀에게 속하나니 마귀는 처음부터
범죄함이라 하나님의 아들이 나타나신 것은 마귀의 일을
멸하려 하심이라
요일 3:8

주의 자녀의 마음속에
죄의 유혹이 소리 없이 다가올 때
그 마음과 생각을 지켜 주셔서
마귀가 조종하는
죄의 유혹을 당당하게 이기게 하소서.

주의 자녀가
속이는 자요, 거짓말하며, 죽이려 하는
마귀의 유혹을 만났을 때
속히 분별하는 지혜를 갖게 하시고
주 예수 그리스도의 이름으로
마귀를 대적하는
담대한 믿음의 사람이 되게 하소서.

아멘.

세상의 풍조와는 구별된
삶을 살아가게 하소서

하나님께로부터 난 자마다 죄를 짓지 아니하나니 이는
하나님의 씨가 그의 속에 거함이요 그도 범죄하지 못하는 것은
하나님께로부터 났음이라

요한일서 3:9

주의 자녀는

하나님께로부터 난 자이오니

하나님의 거룩함이

그 안에 거하여

죄를 이기고 다스리며 물리치게 하소서.

하나님의 씨가 주의 자녀안에 거해

그들이 하나님께 속한 거룩한 자녀임을 잊지 않고

이 세상에서 살아가지만

세상의 풍조와는 구별된 삶을 살아가게 하소서.

아멘.

수치와 부끄러움을 보지 않게 하소서

두려워하지 말라 네가 수치를 당하지 아니하리라 놀라지 말라
네가 부끄러움을 보지 아니하리라
이사야 54:4

주의 자녀가
그 어느 누구를 만나고
그 어떤 상황에 처할 지라도
두려워하지 않으며 놀라지도 않고
오직 우리 주님만을 의지하는
담대한 믿음의 사람이 되게 해 주소서.

언제나 하나님이
주의 자녀와 함께 해 주셔서
그들이 무슨 일을 당할 때에도
수치와 부끄러움을 보지 않게 하소서.

아멘.

지경을 넓혀 주소서

❧❧❧

야베스가 이스라엘 하나님께 아뢰어 이르되 주께서 내게 복을
주시려거든 나의 지역을 넓히시고 주의 손으로 나를 도우사
나로 환난을 벗어나 내게 근심이 없게 하옵소서 하였더니
하나님이 그가 구하는 것을 허락하셨더라

역대상 4:10

주의 자녀에게
하나님의 복을 주시되
야베스에게 하신 것처럼
그들의 지경을 넓혀 주소서.

주의 자녀가
하나님께 간구할 때에
주의 손과 크신 팔로 지켜 주셔서
환난과 근심에서 벗어나게 하소서.

주의 자녀가
하나님께 드리는 간구를 들으시고
응답하시는 하나님을 깊이 경험하게 하소서.

아멘.

사랑과 정의와 공의를 행하게 하소서

❦

자랑하는 자는 이것으로 자랑할지니 곧 명철하여
나를 아는 것과 나 여호와는 사랑과 정의와 공의를
땅에 행하는 자인 줄 깨닫는 것이라
나는 이 일을 기뻐하노라 여호와의 말씀이니라
예레미야 9:24

주의 자녀가
세상의 것으로 자랑을 일삼지 않고
오직 명철하여
하나님을 아는 것만을
자랑 삼는 자녀가 되게 하소서.

주의 자녀가
하나님이 사랑과 정의와 공의를 행하시는 분이심을
깊이 깨달아
거짓과 차별과 이중적 잣대를 버리고
오직 하나님이 기뻐하시는
사랑과 정의와 공의를 행하게 하소서.

아멘.

모든 것을 가르치고 생각나게 하소서

보혜사 곧 아버지께서 내 이름으로 보내실 성령
그가 너희에게 모든 것을 가르치고 내가 너희에게 말한
모든 것을 생각나게 하리라
요한복음 14:26

하나님 아버지께서
예수 그리스도의 이름으로 보내신
보혜사 성령님을 통해 주의 자녀들이
모든 것을 배우고 생각나게 하소서.

주의 자녀가 익히고 습득한 학문과 지식이
저들에게 필요할 때에 성령님께서 생각나게 하셔서
적절한 용도와 상황과 때에 쓰임 받도록
지혜와 명철을 부어 주소서.

무엇보다도 보혜사 성령님을 통하여
복음이 무엇인지 깨닫게 하시고
복음을 전할 때에 적절한 말씀을 생각나게 하셔서
담대하게 증거하는 자녀들이 되게 하소서.

아멘.

선하신 하나님께 감사하게 하소서

여호와께 감사하라 그는 선하시며
그 인자하심이 영원함이로다
시편 136:1

주의 자녀가
선하신 하나님께 늘 감사하게 하소서.

주변의 모든 사람들을
감사의 마음을 갖고 대하며
그들의 삶 속에서
언제나 감사의 열매를 얻게 하소서.

주의 자녀가
하나님의 선하심을 절대 의심치 않고
하나님의 인자하심이 영원함을
늘 기억하며
감사의 제사로 하나님께 나아가게 하소서.

아멘.

주님 앞에 정직하고
신실하게 서게 하소서

❧✿❧✿❧

사람의 행위가 자기 보기에는 모두 정직하여도
여호와는 마음을 감찰하시느니라
잠 21:2

주의 자녀가
인본주의가 팽배한 이 시대에
자기의 소견대로 행하지 않고
오직 말씀으로 인도함 받는
거룩한 자녀 세대의 주역이 되게 하소서.

주의 자녀가
오직 하나님만이 우리의 마음을
감찰하시는 분임을 깨달아
주님 앞에 정직하고 신실하게 서게 하소서.

아멘.

주님만을 의지하게 하소서

내가 두려워하는 날에는 내가 주를 의지하리이다
내가 하나님을 의지하고 그 말씀을 찬송하올지라
내가 하나님을 의지하였은즉 두려워하지 아니하리니
혈육을 가진 사람이 내게 어찌하리이까

시편 56:3~4

주의 자녀가 인생길을 걷다가
두려움의 그늘이 그 마음속에 드리울 때마다
주님만을 의지하게 하소서.

주의 자녀가 하나님을 의지하고
주의 말씀을 찬송함으로써
사방으로 욱여쌈을 당하는 상황에 처할지라도
담대함으로 그 상황을 이기게 하소서.

주의 자녀가
세상을 바라보고 사람을 의지하는 것이 아니라
오직 인생의 조력자시며 구원자되시는
하나님만을 신뢰하고 의지하는 자녀가 되게 하소서.

아멘.

늘 하나님 안에 거하게 하소서

내 안에 거하라 나도 너희 안에 거하리라 가지가 포도나무에
붙어 있지 아니하면 스스로 열매를 맺을 수 없음 같이 너희도
내 안에 있지 아니하면 그러하리라

요한복음 15:4

주의 자녀가 하나님 안에 거할 때
하나님도 우리 안에 거하신다는 약속대로
하나님께서 함께 하심을 조금도 의심치 않고
늘 하나님 안에 거하게 하소서.

주의 자녀가
포도나무 되신 주님께 붙어있어
주님이 주시는 영양을 공급 받아
좋은 열매 맺기에 적합한 가지가 되게 하소서.

주의 자녀가
하나님을 떠나 스스로 열매 맺으려 애쓰지 않고
포도나무 되신 주님께 붙어 있어
풍성한 열매를 맺게 하소서.

아멘.

상한 마음을 위로해 주소서

❧❧❧❧❧❧

여호와는 마음이 상한 자를 가까이 하시고 충심으로
통회하는 자를 구원하시는도다
시편 34:18

주의 자녀 마음 속 깊숙한 곳에
상한 심정이 있다면
그 상함을 마음 안에 가두어 두지 말고
하나님 앞에 나아가 고백하게 하소서.

주의 자녀가 낙심을 내어놓고
구원의 하나님을 바라볼 때
상한 마음을 위로해 주소서.

마음이 상한 자들에게
언제나 가까이 계신 주님께서
낙심한 자들을 위로하시고 회복시키셔서
다시 일어설 힘과 소망을 주소서.

아멘.

하나님을 기다리는 자 되게 하소서

그러나 여호와께서 기다리시나니 이는 너희에게 은혜를
베풀려 하심이요 일어나시리니 이는 너희를 긍휼히 여기려
하심이라 대저 여호와는 정의의 하나님이심이라 그를
기다리는 자마다 복이 있도다

이사야 30:18

주의 자녀가 자신들에게 은혜를 베푸시려고
기다리시는 하나님을 기억하며
늘 주님을 기다리는 자 되게 하소서.

주의 자녀를 긍휼이 여기시어
변함없이 바라보시는 하나님께로
저들이 돌아오게 하소서.

정의의 하나님 되신
여호와를 기다리고 기대하는
주의 자녀 위에
하늘의 복을 부어 주소서.

아멘.

헛된 재물에 소망을 두지 않게 하소서

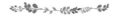

네가 이 세대에서 부한 자들을 명하여 마음을 높이지 말고
정함이 없는 재물에 소망을 두지 말고 오직 우리에게 모든 것을
후히 주사 누리게 하시는 하나님께 두며
디모데전서 6:17

주의 자녀가
세상의 헛된 재물에 소망을 두지 않고
교만해져서 스스로 마음을 높이지 않게 하소서.

그리하여
모든 것을 후히 주시는 하나님,
모든 것을 누리게 하시는
하나님께만 소망을 두고
매일의 삶에 최선을 다하는
신실한 주의 자녀 되게 하소서.

아멘.

참된 양식으로 배부르게 하소서

너희가 어찌하여 양식이 아닌 것을 위하여 은을 달아 주며
배부르게 하지 못할 것을 위하여 수고하느냐 내게 듣고
들을지어다 그리하면 너희가 좋은 것을 먹을 것이며 너희
자신들이 기름진 것으로 즐거움을 얻으리라
이사야 55:2

주의 자녀가 양식이 아닌 것,
배부르게 하지 못 할 것을 좇으며 수고하는
어리석은 인생을 살지 않도록 도우소서.

주의 자녀가 말씀하시는 주의 음성을 듣고
귀 기울이도록 저들의 귀를 열어 주시고
참된 양식으로 배부르게 하소서.

헛된 것을 따르며 시간낭비 하지 않고
마음과 영혼을 기름지게 하는
진리의 말씀으로 즐거움을 얻으며
가치 있는 인생을 살아가게 하소서.

아멘.

온유하고 화평한 친구와 사귀게 하소서

❧❧❧

노를 품는 자와 사귀지 말며 울분한 자와 동행하지 말지니
그의 행위를 본받아 네 영혼을 올무에 빠뜨릴까 두려움이니라
잠언 22:24~25

주의 자녀 주변에
분노와 울분으로 가득한 친구들이 있다면
주의 자녀의 영혼이 올무에 빠져들지 않도록
그들과 사귀고 동행하지 말라는
주의 말씀을 기억해
온유하고 화평한 친구와 사귀게 하소서.

주의 자녀의 마음 가운데에
조금이라도 울분과 분노가 자리 잡고 있다면
다 드러나게 하시고
그 뿌리도 제거하고 치유하여 주소서.

아멘.

항상 여호와를 경외하게 하소서

❈❈❈❈❈❈

네 마음으로 죄인의 형통을 부러워하지 말고
항상 여호와를 경외하라. 정녕히 네 장래가 있겠고
네 소망이 끊어지지 아니하리라
잠언 23:17~18

주의 자녀가
세상을 따르며 죄 짓는 자의 형통함에
마음이 현혹되거나 부러워하지 않고
항상 여호와를 경외하게 하소서.

남들의 부유함과 형통함이 삶의 목표가 되지 않고
오직 하나님을 경외하며 살아갈 때에
정녕 주의 자녀에게
밝은 미래가 있다는 사실을 확신하게 하시고
그들의 소망이 결코 끊어지지 아니하리라 하신
주님의 약속을 언제나 기억하며 살아가게 하소서.

아멘.

세상을 이기는 자녀 되게 하소서

무릇 하나님께로부터 난 자마다 세상을 이기느니라 세상을
이기는 승리는 이것이니 우리의 믿음이니라
요한일서 5:4

주의 자녀가
하나님께로부터 난 자요
하나님의 자녀된 자로
세상을 두려워하지 않고 당당히 맞서서
세상을 이기는 믿음의 자녀 되게 하소서.

무엇보다도 주의 자녀로 하여금
오직 믿음으로만 세상을 이기는 능력이
생긴다는 사실을 알게 하셔서
그 믿음으로 승리하게 하소서.

아멘.

때가 이르면 결실을 맺게 하소서

우리가 선을 행하되 낙심하지 말지니
포기하지 아니하면 때가 이르매 거두리라
갈라디아서 6:9

주의 자녀가
기회가 있는 대로
모든 사람에게 선을 행하고
선을 행할 때에
사람을 기쁘게 하려거나
사람의 칭찬에 민감하지 않게 하소서

주의 자녀가 하는 모든 일들 가운데
쉽게 낙심하거나 포기하지 않고
하나님을 끝까지 신뢰함으로
때가 이르면 결실을 맺게 하소서.

아멘.

자신의 마음을 잘 지키게 하소서

하나님이 우리에게 주신 것은 두려워하는 마음이 아니요
오직 능력과 사랑과 절제하는 마음이니
디모데후서 1:7

하나님이 주의 자녀에게 주신 마음은
두려워하는 마음이 아니니
주의 자녀안에
사단이 심어 자리 잡아 있는
모든 두려움의 뿌리가
온전히 뽑혀지고
그 두려움의 그림자조차 사라지게 하소서.

하나님이 주의 자녀에게 주신 마음은
능력과 사랑과 절제하는 마음임을 항상 기억하며
하나님의 능력을 힘입고
사랑과 절제함으로
자신의 마음을 잘 지키게 하소서.

아멘.

깨끗한 그릇이 되게 하소서

큰 집에는 금 그릇과 은 그릇뿐 아니라 나무 그릇과 질그릇도
있어 귀하게 쓰는 것도 있고 천하게 쓰는 것도 있나니
그러므로 누구든지 이런 것에서 자기를 깨끗하게 하면
귀히 쓰는 그릇이 되어 거룩하고 주인의 쓰심에 합당하며
모든 선한 일에 준비함이 되리라

디모데후서 2:20~21

주의 자녀가 어떤 그릇이든지
하나님이 쓰시기에 합당하도록
자기 자신을 정결케 하여
깨끗한 그릇이 되게 하소서.

주의 자녀가
어디에 어떻게 쓰일지 알 수 없으나
언제나 준비된 그릇이 되어
모든 선한 일에,
하나님이 쓰고자 하시는 모든 때에
귀하게 쓰임 받는 합당한 그릇이 되게 하소서.

아멘.

하나님이 늘 동행하심을
경험하게 하소서

❧❧❧❧

네가 물 가운데로 지날 때에 내가 함께 할 것이라 강을 건널
때에 물이 너를 침몰하지 못할 것이며 네가 불 가운데로 지날
때에 타지도 아니할 것이요 불꽃이 너를 사르지도 못하리니
이사야 43:2

임마누엘이신 하나님께서
언제나 주의 자녀와 함께 하셔서
저들이 자신들의 인생에서
하나님이 늘 동행하심을 경험하게 하소서.

때로는 주의 자녀가 가는 길에
물이 범람할 지라도 침몰하지 않으며
불 가운데로 지날 때에도 타지 않게 도와주소서.

불꽃이 사르지도 못하도록
주의 크신 팔과 강한 손으로
주의 자녀를 안위하시고
저들이 당신의 그 맹렬한 사랑을
항상 체휼하게 하소서.

아멘.

믿음으로 견고히 서게 하소서

믿음이 없어 하나님의 약속을 의심하지 않고 믿음으로
견고하여져서 하나님께 영광을 돌리며 약속하신 그것을 또한
능히 이루실 줄을 확신하였으니
로마서 4:20~21

주의 자녀가
하나님이 우리에게 주신 약속의 말씀을
믿음 없는 자들같이 의심하지 않고
믿음 가운데 굳건히 서서
말씀대로 이루시는 주님을 신뢰하며
매일 믿음으로 살아가게 하소서.

주의 자녀가
이전에 했던 모든 간구와
현재에 하고 있는 모든 기도를
능히 이루어 주실 하나님을 확신하고
굳건한 믿음 가운데 살아가며
하나님께 영광을 돌리게 하소서.

아멘.

육신의 강건함과 영혼의 윤택함을
누리게 하소서

❧❧❧

스스로 지혜롭게 여기지 말지어다
여호와를 경외하며 악을 떠날지어다 이것이
네 몸에 양약이 되어 네 골수를 윤택하게 하리라
잠언 3:7~8

주의 자녀가 스스로를 지혜롭게 여기거나
마음이 교만해져서 모든 것을 아는 것처럼
자만하거나 우쭐대지 않게 하소서.

하나님을 경외하며 겸손하게 행하여
교만하고 악한 길에 서지 않게 하소서.

하나님을 경외함이 주의 자녀에게 약이 되어
육신의 강건함과 영혼의 윤택함을 누리게 하소서.

아멘.

축복의 통로로 사용하여 주소서

너를 축복하는 자에게는 내가 복을 내리고 너를 저주하는
자에게는 내가 저주하리니 땅의 모든 족속이 너로 말미암아
복을 얻을 것이라 하신지라
창세기 12:3

주의 자녀를 축복하시고
복을 흘러 보내는
축복의 통로로 사용하여 주소서.

그리하여 주의 자녀 주변에 있는 사람들뿐 아니라
더 나아가 민족과 백성, 나라와 열방까지도
주의 자녀로 말미암아
일어나고 살아나고 회복되어지는
역사가 있게 하소서.

아멘.

범사에 자라가고 성숙하게 하소서

이는 우리가 이제부터 어린 아이가 되지 아니하여 사람의
속임수와 간사한 유혹에 빠져 온갖 교훈의 풍조에 밀려
요동하지 않게 하려 함이라 오직 사랑 안에서 참된 것을 하여
범사에 그에게까지 자랄지라 그는 머리니 곧 그리스도라
에베소서 4:14~15

주의 자녀가 어린 아이와 같이
세상의 달콤함과 사람의 속임수,
사단의 간사한 유혹에 빠지지 않게 하소서.
그들이 마음의 중심을 잡고 견고히 서서
요동치 않을 수 있도록 도와주소서.

세상이 끝없이 미혹하는 현실 속에서도
변치 않는 하나님의 사랑 안에서
참된 것을 행하며 진리를 붙잡아
오직 머리되신 예수 그리스도의 장성한 분량까지
범사에 자라가고 성숙하게 하소서.

아멘.

생명을 사랑하게 하소서

그러므로 생명을 사랑하고 좋은 날 보기를 원하는 자는
혀를 금하여 악한 말을 그치며 그 입술로 거짓을 말하지 말고
베드로전서 3:10

주의 자녀안에
하나님이 지으신 생명을 사랑하는 마음을 주셔서
그들이 천하보다 귀한 생명을
결코 가볍게 여기지 않도록 하시고
주신 생명을 귀하고 소중히 여기게 하소서.

주의 자녀의 입술과 혀에 정결함을 주셔서
거짓이나 악한 말을 하지 않도록
그 입을 주장하여 주시고 혹여 그런 말을 했더라도
즉시 깨닫고 회개하게 하소서.

주의 자녀가
생명을 경시하고 입술로 거짓을 남발하는
이 세상 풍조를 따라가지 않고
오직 구별되어 거룩하게 살아가게 하소서.

아멘.

주안에서 꿈꾸게 하소서

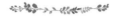

당신들은 나를 해하려 하였으나
하나님은 그것을 선으로 바꾸사 오늘과 같이
많은 백성의 생명을 구원하게 하시려 하셨나니
창세기 50:20

주의 자녀가 자신이 꾼 꿈에 대해 많은 사람들이
비방하고 조롱했지만 그 꿈을 결코 잊지 않고
오직 주님과 늘 동행하는 삶을 살아갔던
요셉과 같이 평생 꿈꾸는 삶을
살 수 있도록 해 주소서.

요셉처럼 주 안에서 꿈을 꾸는 자녀가 되게 하시고
주님이 그 꿈을 이뤄주시는 날까지 인내하며
하나님의 신실하심을 경험하게 하소서.

때론 사람들이 악하게 대할지라도
그들을 용서하는 마음을 주의 자녀에게 주셔서
요셉과 같이 악을 선으로 바꾸신
하나님께 영광을 돌리게 하소서.

아멘.

선으로 악을 이기게 하소서

❧

악에게 지지 말고 선으로 악을 이기라
로마서 12:21

주의 자녀가
아무에게도 악을 악으로 갚지 않고
모든 사람 앞에서 선한 일을 도모하는
빛의 자녀 되게 하소서.

주의 자녀가
모든 사람과 더불어 화목하게 하소서.
때때로 저들을 대적하는 원수가 있을지라도
공의로우신 하나님께 맡기고
원수를 위해 기도함으로
선으로 악을 이기는 자녀 되게 하소서.

아멘.

지혜롭게 말하는
언어습관을 갖게 하소서

사연을 듣기 전에 대답하는 자는
미련하여 욕을 당하느니라
잠 18:13

주의 자녀가
자기 생각만을 주장하는 것이 아니라
상대의 이야기에 충분히 귀 기울이며
전후좌우를 살피고 분별하여
지혜롭게 말하는 언어습관을 갖게 하소서.

주의 자녀가
누구를 만나든지 경청하고 배려하는
진중한 자녀가 되게 하시고
조급하여 관계의 어려움을 당하지 않으며
미련하여 수치를 당하지 않도록
그 입술에 지혜를 부어 주소서.

아멘.

하늘의 아름다운 보물창고를 여소서

여호와께서 너를 위하여 하늘의 아름다운 보고를 여시사 네
땅에 때를 따라 비를 내리시고 네 손으로 하는
모든 일에 복을 주시리니 네가 많은 민족에게 꾸어줄지라도
너는 꾸지 아니할 것이요
신명기 28:12

주의 자녀에게
하늘의 아름다운 보고를 열어주소서.
때를 따라 비를 내려 주시고
저들이 손으로 하는 모든 일에
하늘의 복을 내려 주소서.

주의 자녀가
많은 사람들에게 꾸어줄지라도
자신들은 꾸지 않는 풍성한 삶을 살 수 있도록
축복해 주소서.

아멘.

참된 친구를 허락해 주소서

요나단의 마음이 다윗의 마음과 하나가 되어 요나단이
그를 자기 생명 같이 사랑하니라
사무엘상 18:1

주의 자녀가
다윗과 요나단처럼
하나님 안에서 서로 마음을 나눌 수 있고
마음으로 하나가 될 수 있는
귀한 믿음의 친구를 만나게 하소서.

주의 자녀 주위에
요나단과 다윗 같이
서로를 자기 생명처럼 사랑하며
인생을 나눌 수 있는 참된 친구를
허락해 주소서.

아멘.

하나님이 미워하시는 죄악을
멀리하게 하소서

여호와께서 미워하시는 것 곧 그의 마음에 싫어하시는 것이
예닐곱 가지이니 곧 교만한 눈과 거짓된 혀와 무죄한 자의 피를
흘리는 손과 악한 계교를 꾀하는 마음과 빨리 악으로
달려가는 발과 거짓을 말하는 망령된 증인과 및
형제 사이를 이간하는 자이니라
잠언 6:16~19

주의 자녀가 하나님이 미워하시는 죄악을
멀리하게 하소서.
교만한 눈으로 보지 않고 거짓된 혀를 사용하지 않으며
무죄한 자의 피를 흘리는 손이나 악한 계교를 꾀하는
마음을 결코 갖지 않게 하소서.

그 발이 빨리 악으로 달려가지 않고
거짓을 말하는 망령된 증인의 자리에 서지 않으며
형제를 미워하거나 이간하지 않게 하소서.
오직 여호와 하나님의 말씀과 법도를
지키는 것이 곧 생명의 길임을 알게 하시어
하나님의 빛 가운데 거하는 주의 자녀 되게 하소서.

아멘.

거룩하고 구별된
언어생활을 하게 하소서

혀는 능히 길들일 사람이 없나니 쉬지 아니하는 악이요 죽이는
독이 가득한 것이라 이것으로 우리가 주 아버지를 찬송하고 또
이것으로 하나님의 형상대로 지음을 받은 사람을 저주하나니

약 3:8~9

주의 자녀가
주위 사람이나 가족, 친구들에게
비난과 비판, 비방하는 혀를 놀리지 말며
악한 말을 하거나 독을 품지 않으며
오직 거룩하고 구별된 언어생활을 하게 하소서.

주의 자녀가
거룩하고 정결한 입술의 열매를 맺어
하나님을 찬양하고 높이며
하나님의 자녀답게
향기로운 언어생활을 하게 하소서.

아멘.

하나님을 깊이 알게 하여 주소서

우리 주 예수 그리스도의 하나님 영광의 아버지께서 지혜와
계시의 영을 너희에게 주사 하나님을 알게 하시고
에베소서 1:17

주 예수 그리스도의 하나님,
영광의 아버지께서
주의 자녀에게
지혜와 계시의 영을 주셔서
그들이 하나님을 깊이 알게 하여 주소서.

주의 자녀가
영광의 하나님이
자신의 하나님 아버지 되신 것을
날마다 더 깊이 깨닫고
그 지혜와 계시가 자라나
담대하고 당당하게 살아가게 하소서.

아멘.

예수님의 마음을 품게 하소서

❦

아무 일에든지 다툼이나 허영으로 하지 말고
오직 겸손한 마음으로 각각 자기보다 남을 낫게 여기고
각각 자기 일을 돌볼 뿐더러 또한 각각 다른 사람들의 일을
돌보아 나의 기쁨을 충만하게 하라 너희 안에 이 마음을
품으라 곧 그리스도 예수의 마음이니
빌립보서 2:3~5

주의 자녀가 어떤 일도 다툼이나 허영으로
하지 않게 하소서.

주의 자녀가 자신을 돌볼 줄 아는 지혜를 지녀
오직 겸손한 마음으로 다른 사람의 일을 돌보아 주는
따뜻한 성품의 사람이 되게 하소서.

주의 자녀가 자신의 의와 공로를 앞세우지 않고
다른 사람과 경쟁하거나 다툼과 갈등을
일으키는 자가 되지 않도록 하시며
오직 예수님의 마음을 품는 자 되게 하소서.

아멘.

믿음을 지키는 결단을 하게 하소서

❧⊱⊰❧⊱⊰❧

다니엘이 이 조서에 왕의 도장이 찍힌 것을 알고도
자기 집에 돌아가서는 윗방에 올라가 예루살렘으로 향한
창문을 열고 전에 하던 대로 하루 세 번씩 무릎을 꿇고
기도하며 그의 하나님께 감사하였더라
다니엘 6:10

주의 자녀가
때로는 피할 수 없는 상황에 처할지라도
하나님을 인정하고 의지해
믿음을 지키는 결단을 하게 하소서.

주의 자녀에게
어찌할 수 없는 고난의 시기가 올지라도
시간을 구별하고 몸과 마음을 다해
하나님을 예배하게 해 주소서.

주의 자녀가 사방으로 욱여쌈을 당할지라도
낙심하지 않고 하나님이 하실 일들을 기대하며
감사로 하나님께 영광 돌리게 하소서.

아멘.

여호와 하나님의 이름을 경외하게 하소서

내 이름을 경외하는 너희에게는 공의로운 해가 떠올라서
치료하는 광선을 비추리니 너희가 나가서 외양간에서
나온 송아지 같이 뛰리라
말라기 4:2

주의 자녀가
여호와 하나님의 이름을 경외하며
그 이름의 능력을 의지하게 하소서.

하나님의 공의로운 해가 떠올라
주의 자녀의 갈 길을 밝히 비춰주시고
치료하는 광선으로
몸과 마음의 모든 연약함과 아픈 부위를
깨끗이 치료하여 주소서.

주의 자녀가
하나님을 경외하고 그 은혜로 인하여
인생길에서 자유를 누리며 기뻐 뛰게 하소서.

아멘.

선한 말로 은혜를 끼치게 하소서

무릇 더러운 말은 너희 입 밖에도 내지 말고
오직 덕을 세우는 데 소용되는 대로 선한 말을 하여
듣는 자들에게 은혜를 끼치게 하라
에베소서 4:29

주의 자녀의
언어생활과 습관이
세상 사람들과 구별되게 하소서.
더러운 말과 욕은 입 밖에도 내지 말고
오직 덕을 세우는 선하고 아름다운 말로
다른 사람들을 세워주고 살려주게 하소서.

주의 자녀가
선한 행실과 선한 언어생활로
주위의 모든 사람들에게
은혜를 끼치며 살아가게 하소서.

아멘.

감사로 예배드리게 하소서

감사로 제사를 드리는 자가 나를 영화롭게 하나니 그의 행위를
옳게 하는 자에게 내가 하나님의 구원을 보이리라
시편 50:23

주의 자녀가 주일뿐 아니라 날마다
주께 나아가 감사로 예배드리게 하소서.

주의 자녀가 예배를 드림이
그 어떤 행위와 제사보다
하나님을 기쁘게 한다는 사실을
분명히 알게 하소서.

주의 자녀가
하나님은 예배드리는 자를 통해
영광을 받으시며 예배드리는 자에게
구원을 베푸시는 분이심을 밝히 알아
시간과 정성을 드려 감사로 예배를 드리는
참된 예배자 되게 하소서.

아멘.

어머니의 기도

초판 1쇄   2019년 11월 22일
2쇄 발행   2020년 1월 10일

지 은 이 _ 윤미라
펴 낸 이 _ 이태형
펴 낸 곳 _ 국민북스
편   집 _ 김은정
디 자 인 _ 서재형
마 케 터 _ 김태현
그   림 _ 박연숙

등록번호 _ 제406-2015-000064호
등록일자 _ 2015년 4월 30일

주   소 _ 경기도 파주시 와석순환로 307, 1106-601 우편번호 10892
전   화 _ 031-943-0701
팩   스 _ 031-942-0701
이 메 일 _ kirok21@naver.com
ISBN 979-11-88125-25-8 02230